Poèmes et fantaisies

Recueil

Stéphanie LEGAST

ISBN : 978-2-322269334

Copyright M7831M3

Stéphanie LEGAST

Poèmes et fantaisies

Recueil

À Mamie Geneviève,

Le bonheur ne se cherche pas, on le rencontre. Il n'est que de savoir le reconnaitre et de pouvoir l'accueillir.

Maternelle et aimante

Petite Mamie Chérie,

Nous voilà tous réunis aujourd'hui pour t'accompagner dans ton dernier voyage.

Avant ton envol, nous voulions te dire quelques mots pour décrire quelle mamie extraordinaire tu étais.

De nombreuses qualités te caractérisent : La gentillesse et la générosité sont deux de tes plus beaux atouts.

Toujours un mot, une petite carte, un coup de fil pour nous souhaiter notre anniversaire, notre fête, Noël ou tout autre événement.

Ta mémoire exemplaire nous fascinait.

Tu te souvenais même de tes cours de Pharmacie. Une vraie bibliothèque ambulante et toujours à la recherche de nouvelles connaissances, de nouveaux savoirs. Une qualité dont nous pouvons prendre de la graine.

Ta cuisine était savoureuse.

Combien de « Bamboulas », de gougères, de gâteaux aux noix ou de pâtés en croûte, tu nous as fait déguster ?

Et qu'il était bon de sentir, chaque matin de nos vacances chez toi, l'odeur alléchante du pain fraîchement grillé.

Ton jardin a toujours été fleuri et généreux.

Tu aimais tant travailler la terre et cultiver tes radis, tes navets, tes tomates…

Chaque été, avec joie, nous aimions ramasser les divers fruits du clos et nous t'aidions à la préparation des confitures. Framboises, cassis, mirabelles, prunes, cerises, il y en avait pour tous les goûts.

Les cabanes dans les pruniers, le Hamac entre les cerisiers et l'observation des étoiles s'ajoutent à nos bons souvenirs du clos.

Cette vie, qu'il y avait dans ton verger, t'inspirait grandement pour la réalisation de tes aquarelles, autre talent que tu avais. Tu étais de culture scientifique mais pour autant ton côté artistique était bien développé. Avec humour et originalité, tu nous as transformé, le temps d'un Noël, en personnages des milles et une nuit. Tu aimais souvent te déguiser et nous amuser.

Avec toi, on était toujours en activité. On se souvient aussi des nombreuses parties de Scrabble et de baccalauréat. Tu adorais les jeux de mots. Les acrostiches étaient un de tes plaisirs favoris. Tout comme les poèmes, à l'image de celui que tu as composé sur l'Acinétobacter.

Tu aimais souvent écrire quelques lignes de fantaisie !

La foi faisait partie intégrante de ta vie. Tu aimais faire raisonner radio Vatican dans ta cuisine. Cette foi t'a permis de surmonter les diverses épreuves de ta vie.

La prière était une de tes forces et tu n'hésitais pas à les offrir pour aider chacun d'entre nous, amis, voisins, famille. Cette générosité de cœur s'exprimait également dans tes nombreuses participations aux œuvres caritatives. Et tu avais toujours une petite attention pour qui venait frapper à ta porte.

Tu aimais donner.

Mamie, Merci pour toutes ces valeurs que tu nous as transmises. Nous espérons en être digne et les inculquer à notre tour à nos enfants et petits-enfants ! Merci pour tout ce que tu nous as appris !

Tu es désormais près des tiens, tu as rejoint notre Papa.

Depuis là-haut quelque part dans les étoiles, nous savons que tu veilleras sur chacun d'entre nous.

Nous ne t'oublierons jamais !

Pour finir, un petit clin d'œil à ton côté artistique. Voici un petit acrostiche :

- Mamie au grand cœur,
- Artiste et toujours pleine d'entrain
- Maintenant te voilà partie pour ton dernier voyage !
- Impérissables seront nos souvenirs avec toi
- Et éternelle pour nous tu resteras !

Bye Bye petite Mamie Chérie.
Tes petites filles Sophie et Stéphanie

Mamie,

Merveilleuse et moderne

Acrosticheuse de renom et artiste dans l'âme

Mascotte de la famille

Irréductible adepte du scrabble

Et voilà la définition de notre mamie Geneviève

Mes petites-filles

Sagesse signifie ton prénom, bon sens, réflexion

On peut quand même être gaie, plein d'imagination

Parée de longs cheveux, d'un grand sourire sous des yeux bleus

Habitée de souhaits, de projets généreux

Inventant des actions, pour la joie familiale

Et surtout confiante en l'avenir (ce serait l'idéal)

Si toutes les filles de la famille se retrouvaient un bel été

Tu saurais vite organiser des jeux de grimpette, de cachette

Et peut-être encore des dinettes ?

Poursuites à vélo, adresse à la raquette, en piscine à la brasse ou sur le dos

Heureuse de prévoir toujours un jeu nouveau

Prénom de la petite chienne

Chienne gentille et fidèle aux doux yeux de teckel

Au poil peu soyeux mais au nez fin et subtil

Légère pour sauter sur nos genoux

Il ne lui manque que la parole dites vous

Ne nous fais pas de caprices pour grimper sur les lits

Et tu mériteras … une grosse rondelle de saucisse

À mon benjamin

(Dispensé de l'exergue en grec ou en latin)

Avec un œil malin et le marteau en main, ou le crayon, ou le rabot, ou le pinceau,

Il s'affaire en son atelier, tout à ses travaux,

Il en oublie son cher vélo et me crie dans l'escalier « ne monte pas maman, je te fais une surprise ».

Alors j'essaie de deviner la surprise.

Quel original bibelot ? Un modèle réduit de bateau ? Ou bien un pédalo ?

Allons donc sans histoire commencer à remplir la baignoire.

Mais le voilà bientôt qui descend, triomphant, en m'offrant…une boite à tricot.

« Avec un petit trou, maman, pour passer la laine. Dis, permets-tu que je la peigne tout de suite ? »

Son regard luit de bonheur, sa joie fait battre plus vite mon cœur.

Oh, mon petit, tu vas grandir mais sache garder le désir du travail joyeux qu'on fait avec âme…

De tes yeux, conserve la flamme…

Un soir d'été

Ce fut par un beau soir d'été devant le cercle de famille, j'étais en robe rose, jeune fille plus rose encore en ma timidité.

Le cœur ému d'une immense tendresse, tu t'es levé, m'a serrée dans tes bras, scellant d'un premier baiser, promesse d'un bel amour qui ne finirait pas.

>Tendres baisers des fiançailles

>Ardents baisers des épousailles

>Joyeux baisers des retrouvailles

>Pendant dix années de bonheur,

>Ne firent qu'un de nos deux cœurs

Ce fut par un lourd soir d'été devant ton corps raidi, ton âme neuve, j'étais en robe noire, jeune veuve.

Le cœur éteint d'une immense douleur, dessus ton front glacé par l'ultime souffrance.

Dieu a bien voulu m'épargner l'horreur.

Je déposerai un dernier baiser d'espérance et dans ma solitude, apaisant mon inquiétude, ton âme est là… divin prélude, malgré les durs soucis du jour, de notre éternité d'amour.

À *père et Mère*

Vos os blanchis sont allongés non loin de moi,

Les planches disjointes de vos coffres de bois laissent peu à peu se rejoindre vos doigts…

Comme au temps heureux de vos amours fidèles, alentour chantent merles et hirondelles…

Tout près, comme autrefois.

Vos arbres favoris font jaillir leur floraison printanière tout butinés d'abeilles ouvrières. Et l'herbe verte renait toujours, que vos pieds aimaient fouler chaque jour…

Non, votre vie n'est pas finie : dans le monde souterrain des ancêtres, une merveilleuse alchimie se crée et se disperse !...

Tandis que germent, grandissent et vivent tout autour les générations neuves de Sambourg.

Les gosses, en criant, se poursuivent à vélo,

Les chiens, en aboyant, se répondent en écho,

Les ronflements des tracteurs dominent à peine les puissantes voix de nos agriculteurs.

Colzas, blés, tournesols, champs de chanvre et de lin s'étendent de plus en plus loin…

Où sont les vignes ? (Où se saoulaient les grives…)

Où sont les haies ? Et leurs sauvages baies.

Les chemins creux ? bordés de noisetiers.

Les friches sèches ? et leurs genévriers ?

Ainsi tout passe et recommence, d'autres vies naissent… d'autres alliances s'échangent sous le vieux clocher qui vous abrite de son ombre…

Comme dit le « Sage » : « leur bonheur dure autant que leur postérité, leurs descendants sont un bel héritage, leur nom reste vivant… »

Dans le souvenir, à jamais, de nos lointains parents.

- Soyons en paix -

Où es-tu ? Que fais-tu ?

Où es-tu ? Que fais-tu ?

Aimerions-nous demander à notre chère vieille Mamie,

Qui, si volontiers contait ses sorties, ses allers… ses retours…

Aujourd'hui, absence…

Points d'interrogations ??? Points de suspension…

SILENCE

La porte est refermée,

Par son ange, la clé est tournée,

Reste l'autel où elle aimait se recueillir, avec le tableau d'Evangile fondamental « au commencement était le verbe et le verbe était Dieu… » St Jean ;

Avec le livre paroissial, psaumes, chants cantiques si souvent entrouverts au hasard, toujours en confiance et simplicité,

Et toujours arrivait la réponse adaptée qui fait « repartir » avec le sourire.

Finalement, c'est MERCI qu'il faut dire.

De petites lumières apparaitront parfois,

Au fil des jours et des saisons,

Comme les étoiles et les constellations, dans l'immense UNIVERS où chacun a sa place,

Unique – préparée – préférée…

C'est là, peut-être… de temps en temps, qu'on trouvera rendez-vous,

Avec toi MAMIE.

Merci chère mamie

Mais oui, on l'a reçu ton colis !

Et comme tu le souhaites, on te le dit

Rapidement, sans faire de chichis

Car, comme on est, tu nous aimes !

Il faut nous excuser, même si on est « bohème »

C'est à cause de tout ce boulot

Histoire, français, bio, maths, géo…

Et j'en passe… allemand, italien, English

Roulant, en plus, pour la conduite-auto

En s'disant « tout ça, c'est quand même fortiche »

Maintenant, fais donc rejouer notre cassette !

Avec affection, nous te l'avions faite

Minutieusement, un peu en riant !

Il faut rappeler tous ces bons souvenirs

Et prendre la vie, chaque jour, avec le sourire

Pour Mamie,

(Poèmes d'enfants)

Elle a semé des fleurs de toutes les couleurs,

Dans son jardin avec ses belles mains,

Elle en a pris soin tant qu'elle en avait besoin,

Puis un matin, elle fut émerveillée par la beauté de ses orchidées et de ses pensées.

Elle les regarda longtemps, en s'agenouillant,

Elle pria le seigneur pour tant de bonheur

Puis elle réfléchit et se dit qu'il fallait en cueillir plein pour les mettre dans son vase de cuivre.

Ma mamie c'est la meilleure car elle a beaucoup de cœur

Elle est si sympa qu'elle nous ouvre souvent ses bras

A ses petits-enfants, elle apprend toujours quelque chose d'intéressant

Avec Mamie Geneviève on est toujours sûr de garder la tête pleine de rêves

Mamie,

Merveilleusement, on t'a retrouvée, après ton opération

A la pointe de la mode, dans ta chemise de nuit, tu es apparue

Motivée tu restes pour animer la chambrée et ses allées venues

Innovatrice, tu as pensé à ton sachet à redon, ce qui t'as mis en action

Et surtout, à ta sortie, n'oublie pas de vider ton tiroir à provisions

La Brétauche (EHPAD)

Le voici rénové, agrandi, rajeuni le foyer,

Avec ses 80 résidents, sa trentaine d'actifs de tous grades sous l'autorité éclairée et ferme de sa dynamique Madame la Directrice.

Beaucoup d'octogénaires, quelques nonagénaires

Rêvant de devenir centenaires ici, pourquoi pas ?
Roulant dans des fauteuils bien adaptés

En direction de la salle à manger

Trois fois par jour ; toujours table

Appétissante aux menus alléchants, abondamment garnie de mets dignes parfois des tables étoilées

Une animation gaie, variée, unissant intérêt culturel et distrayant

Chaleureuse décoration choisie selon les saisons, couloirs parés de photos, de tableaux.

Hall accueillant avec ses infos riches en enseignement

Environnement d'arbustes choisis, parterres fleuris.

Écoutons aussi le bruit familier à Chablis du joli tonneau d'où coule hélas seulement de l'eau ! …..

Premières impressions d'une arrivée dans une maison de retraite.

Tanlay,

Il n'y a plus d'après quand on vient à Tanlay, plus d'après-demain, plus d'après-midi, il n'y a plus qu'aujourd'hui.

Quand je te reverrai, venue jusqu'à Tanlay, nous parlerons de toi, parlerons de moi, des bons moments d'autrefois,

Et surtout nous ferons quand même des projets de fleurs, de bouquets, petits pas à ton bras en bordure de forêt et tout ça fera un bel aujourd'hui.

Mamie on t'aime,

Mamie Geneviève, notre mamie qu'on n'oubliera jamais !

Amoureuse de la vie et de ses petits bonheurs, tu nous as transmise cette précieuse valeur

Magiques sont les souvenirs que l'on a de Sambourg

Inoubliables les moments et les rires avec toi

Eternel l'amour qu'on a et qu'on aura toujours pour toi

Orage dans nos cœurs quand tu ne seras plus là mais

Nous n'oublierons jamais le bonheur que tu nous as donné et tous ces nombreux moments partagés

Toute notre affection nous venons te donner aujourd'hui

'

A tes pieds nous sommes pour te regarder sourire

Infiniment important pour nous d'être là avec toi

Mamie adorée, tu resteras la plus exceptionnelle des grands-mères

En espérant que cet acrostiche te donnera du baume au cœur et aux maux

Dorica castra

Jour bé**ni**

Nid d'amour

Mourir pour toi

Toit des aïeux

Yeux d'merlan frit

Frisson d'émoi

Moisson d'enfants

Fanfan la Tulipe

Petite amoureuse

Ressaisis-toi

Toison virile

Ris « le soir tombe déjà sur nous »

Nourrice sèche

Sèche tes larmes

Armoire à glace

Lace ton corset

C'est t'y-toi qui

Qui t'appelle Madeleine

Laine mérinos

Hausse les épaules

Paul et Virginie

Nid d'hirondelle

Aile de poulet

Lait de brebis

Bisous dans le cou

Courons au bois

Bois du pinard

Nargue ta belle-mère

Maire de Sambourg

Bourlingue au vent

Vends des pilules

Hulule le hibou

Bous le moût de ta cuve

Cuve ton vin

Vingt ans encore

Cor aux pieds

Pied de biche

Bichonne ta barbichette

Et cætera

Tralala et bon séjour

À la fois catholique

Offrande matinale

(Prière poétique)

Pour toi, chacun de mes pas,

Le plus pesant, le plus alerte.

Pour toi, chacun de mes gestes,

Travail manuel … signe de croix …

Pour ton dos crucifié

Tous les gestes de mes pêchés !

Et dans ta bienveillance extrême

Reçois ma course inquiète, mes démarches vaines.

Pour toi, aussi chaque parole

Sérieuse ou teintée d'humour

Qu'elle soit marquée par l'amour

Et non point, si souvent, égoïste ou frivole !

Pour toi, chaque battement de mon cœur

Même quand je sommeille

Qu'à tout instant mon âme veille

En ta présence Seigneur.

Méditation toute simple devant la crèche de Noël

« Et le verbe s'est fait chair… et il a habité parmi nous, comme nous, en tout ».

Accouchement, allaitement

Bercement

Câlins

Dodo

Eveil

Fossettes

Gazouillis

Hochet

Quenottes

Iris (de tes yeux)

Joujoux

Ka ca boudin

Lait (souvent)

Marionnettes

Nounours

On y va…

Premiers pas

Rire aux éclats

Sein (encore... encore)

Tétée

Utile et pure

Vierge-Marie

Wombat chez les diables

X non, pas déjà la croix !

Y -a-t-il autre chose ?

Z le zizi bien sûr, comme chaque homme.

Mystère de la nativité.

Tout petit homme, entouré de langes mouillés, divinité cachée dans la pauvreté. Il grandira comme tous les gars de son âge, école, jeux, travaux, et partira au-devant de toute la misère du monde (connaissant chacun par son nom). Il la partagera, la soulagera, la portera jusqu'en haut des bras de la Croix ! Mystère…mystère, incarnation, rédemption.

Voyage autour de ma chambre

Aube claire au-dessus du mur gris… soudain, rayon d'or qui jaillit dans le ciel d'aurore.

Voici ma chambre qui revit, le bouquet sec, immortelles et bleuets.

Rajeunit dans la lumière.

Douarnenez s'anime au creux de sa carte marine.

Le long panoramique d'océan vert et bleu se déroule et s'étale au pied des pics rocheux. Il me semble sentir le vent d'ouest par-dessus la haie de genêts.

En face, le vieux port avec ses maisons blanches où ses barques ancrées clapotent, prêtent aux grands voyages…

Et les petits chromos familiers, des volets campagnards et des jardins fleuris…. Le calme d'un étang sous le soleil couchant.

« Dieu, que tes œuvres sont belles ! »

Joseph et l'Enfant, ouvriers comme nous, s'éveillent à ma porte…

La fresque pâlie, venue de Turquie, étend sur le mur, les grands bras de la Croix.

« Seigneur, je crois en Toi ! ».

Oui, la journée sera belle, même si le ciel redevient gris.

Et toi, ma télé, endors-toi jusqu'à minuit !!!

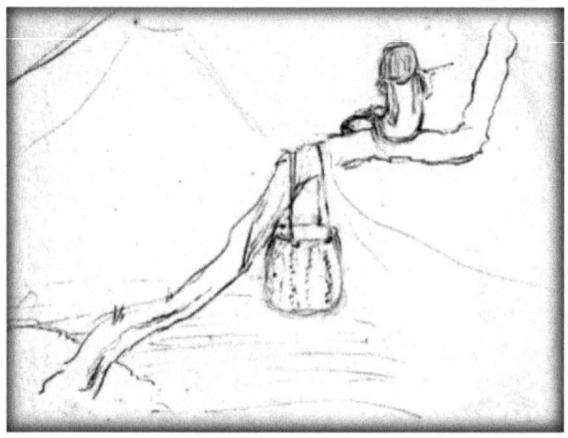

La prière d'une ....Vieille

Béni sois-tu mon Dieu, pour mon cor au pied, mon ongle incarné, mes talons gercés, ma cheville rouillée.

Qu'est-ce que c'est ? à côté de tes membres percés, atrocement cloués ?

Béni sois-tu, mon Dieu, pour ma crampe au mollet, ma rotule qui ondule, mes cuisses qui faiblissent, mon bassin que j'soutiens. Ce n'est vraiment pas beaucoup devant ton corps en sang, roué de coups !

Béni sois-tu, mon Dieu, pour mon ventre qui s'affaisse, mon utérus en retraite, mes glandes endocrines en sommeil qui ne regonflent plus ma poitrine mais me laissent la jeunesse du sourire.

Béni sois-tu, mon Dieu, pour mes tortueux boyaux pleins de gaz détonants et pour tous les tuyaux de mes viscères qui s'affairent jour et nuit à faire tourner « leur usine », qui font cahin-caha, leur petit bonhomme de chemin malgré les énervants boutons et la bosse de bison.

Béni sois-tu, mon Dieu pour ce vieux moteur de cœur qui n'a pas trop de « ratés », son tic-tac me rassure, chaque seconde me rapproche de toi…

Béni sois-tu, mon Dieu pour ces deux soufflets tranquilles, ça monte, ça descend, ça se remplit de vent, ça fait courir le sang, ça inspire, ça soupire, ça expire et ça chante ta louange souvent, d'un gosier vieillissant.

Béni sois-tu, mon Dieu par mon regard bleu, qui se voile peu à peu, mais s'émerveille des couleurs…

Béni sois-tu, mon Dieu par mon ouïe fine, encore assez pour écouter le rossignol de Mai, pour ma langue vive et joyeuse, aimant dire et redire, Béni sois-tu, mon Dieu.

Béni sois-tu, mon Dieu pour mon nez souvent boutonneux et bouché, qui capte cependant, tant de senteurs.

Béni sois-tu, mon Dieu, par mes doigts noueux encore assez fins pour gratter la terre et semer des fleurs…

Béni sois-tu, mon Dieu pour mes poils clairsemés, mon crâne pas trop déplumé, mes neurones point trop embrouillés.

Que tout ça se cramponne à la rampe, encore un peu de temps, le temps que tu voudras, pour aider et chérir mes bien-aimés !

Béni sois-tu, mon Dieu, chaque jour, pour ma joie et pour ce petit brin d'humour !

Ça relance l'Amour !

Meilleurs Vœux

Mieux vaut tard que jamais

En allant au combat, songe à tes ancêtres et à tes descendants

Il fut un homme brave, le premier qui avala une huitre

La Sainte Luce allonge le jour du saut d'une puce

La neige qui tombe engrange la terre

En hiver au feu, en été au jeu

Un remède pour la fatigue ? Pourvu que ça ne soit pas le repos

Rouge soir et clair matin font la joie du pèlerin

Soleil d'hiver est bientôt caché

Vin sur lait rend l'cœur gai

Oracle d'un vieux pépé

En trempant pain grillé

Un verre de Bourgogne à la main

X fois, au petit matin

Le temps des 12 jours après Noel fait le temps des 12 mois de l'an.

Tant d'années !

Depuis 14 années, ta photo me sourit sous la lampe allumée ainsi que chaque nuit, et c'est le même lit.

Et moi, je suis au chaud avec ma chair, avec ma peau, avec mon sang, avec mon cœur battant, dans la douceur et la douleur des souvenirs !

Ce soir puis-je dormir près de l'oreiller vide ?

Je songe au coffre étroit serrant ton corps rigide, et je vois sans effroi, ce qu'il reste de toi.

Orbites sans regard, vertèbres et côtes alignées, pêlemêle au hasard, tes hanches décharnées, mais tu tiens encore, je le sais, la chaîne de métal qui fut un chapelet, entourant tes phalanges.

Et quand retentira la trompette de l'Ange, c'est en serrant la croix que tu te lèveras pour entonner l'éternelle louange…

Où est ta victoire, où est ton aiguillon ?

Divine

Ô divine résurrection qui nous illumine d'espoir

Qu'importe les années sous la lampe allumée

Je revois son regard

Et c'est le cœur en paix

Que je m'endors ce soir

Emploi du temps pour un ange gardien

Au matin de ma journée, louez le seigneur avec moi,

Si je prie devant son autel, prosternée, encensez-le près de moi,

Quand je l'oubli, par le travail, accaparée, adorez-le pour moi,

Lorsque dans ma tâche, j'hésite, conseillez-moi,

Si je butte ou si je faiblis, épaulez-moi,

Lorsque Satan, perfide, en moi s'y glisse, prévenez-moi,

Hors des planques et des voies de garage, tirez-moi,

Quand je tatillonne ou paresse, vers le large entrainez-moi,

Quand ma bouche s'épanche en un vain bavardage, bouclez-la moi,

Quand le pêché a détruit mon courage, à repartir, aidez-moi,

Dans les moments de peur, de chagrin ou d'orage, apaisez-moi,

Quand je remets, la nuit venue, entre ses mains mon ouvrage, auprès de Dieu, veillez pour moi,

Devant une table garnie, bénissez-le avec moi,

En vacances, aux instants de loisirs, admirez sa beauté, près de moi,

Quand je chante sa gloire infinie, accompagnez ma voix,

Enfin, quand, vivant dans l'Hostie, il vient s'unir à moi, oh partager ma joie !

Si la foi défaille parfois, vite, prends ton portable, passe un e-mail direct au ciel, relie-moi,

Que s'y raccroche ma foi comme par une invisible colle, comme par un inusable chewing-gum, grâce à toi,

Ainsi, me voici presque « zen », l'âme calmée, près de toi,

Et me voilà, de ci, de là, presque envolée, comme toi,

Puis, quand viendra le grand départ, jusqu'au bout, soyez-moi fidèle,

A la porte du Paradis, que je ne sois pas en retard, poussez-moi donc, d'un grand coup d'aile, terminer à Sambourg.

Ce que je suis

Pauvre en grâce humaine et en élégance,

Pauvre en jugement et en connaissances,

Pauvre en hardiesse et en activité,

Pauvre en mémoire, en esprit ordonné,

Pauvre en humilité, pauvre en talent, pauvre en argent.

Riche de soleil et de vent,

Riche de chants d'oiseaux, de fleurs des champs,

Riche de bonne volonté,

Riche d'amitié,

Riche de désirs, riche de souvenirs,

Riche de joies familiales,

Riche d'idéal, riche de patience, riche d'espérance,

Riche de l'Amour d'un Dieu,

Riche de ses trésors de Roi,

Riche de ses grâces de foi,

Riche, infiniment, de sa présence en moi.

Mais aussi d'inspiration

scientifique

ACINETOBACTER

Veuillez accepter, avec tout le respect que je vous dois,

Les quelques lignes que voilà …

Annexe – conclusion au pot de félicitations

Cher ACINETOBACTER

Tu commences à nous plaire !

Ces Docteurs érudits

Ne nous ont pas tout dit ;

Je vais donc te poser quelques questions bien balancées.

1- Quel est ton sexe ? Super nana ? Beau mec ?
2- As-tu des yeux ? de braise ? Verts ou bleus ?
3- Quelle est ta couleur, sous les verres binoculaires ?
4- Arrives-tu dans l'air par hélicoptère ?
5- Et toi, Baumanii, père inconnu, d'où viens-tu ?
6- Pourquoi t'infiltres-tu, cher Acinetobacter, dans les immunodéprimés, les intubés, les colonisés-infectés, les paumés ?

Dans les bien-portants, ce serait plus marrant ! Mais stop aux discussions. A ta santé trinquons !

Pour cet exposé très recherché, clair et précis, encore bravo et merci à SOPHIE.

Vincent

Voici venu le jour de faire connaissance

Intimement prévu sur mon sein dévoilé

Ne taisons pas les mots, ne faisons pas silence,

C'est de cellules et de cancer qu'il faut parler

Enfilez gants et bonnet, prenez aiguille et pince

Nodule, je te tiens ! On va voir qui tu es !

Tout est possible, au microscope ! Espoir secret ou précis diagnostic ?

Au Dr ELHOMSY

Et voici le moment de passer sur la table

Le Chirurgien est là, énergique et aimable

Habile en son art

Oter le méchant mal et recoudre. C'est tout bien.

Même si ce n'est pas de la haute couture

Solidement ça tient, il faut que ça dure…

Y'en a de l'invisible presque, et indolore j'espère !?

Tu voudrais...

Tu voudrais posséder la beauté, un visage parfait (tu crains de ressembler trop à ta mère !)

Il en est de plus laids !

Tu as les yeux couleur de mer quand ils reflètent l'infini,

Tes cheveux en taillis semblent dorés par un soleil d'automne.

Tu as un regard secret qui étonne, l'oreille fine et le rire perlé, le sourire discret.

Tant pis si tu n'as pas le nez grec.

Tout ça vaut mieux qu'un cœur trop sec !

Tu voudrais posséder la sveltesse, l'élégance d'un marbre antique,

Tu te vois de la cellulite, épaules rondes et pieds plats mais tu as un bon estomac, un encéphale assez normal, chevilles fines, des glandes endocrines qui ne fonctionnent pas trop mal.

Tant pis si tu n'es pas la Vénus de Milo.

Tout ça vaut mieux qu'un cœur trop gros.

Tu voudrais posséder le talent, être artiste, Mozartienne ou Debussyste,

Avoir de longs doigts fins courants sur le piano,

Tu te consoles en écoutant leurs disques et tu regardes un Picasso en repeignant notre cuisine,

Tes mains habiles savent manier l'aiguille, faire mille tâches utiles.

Tant pis si tu n'as pas le front si haut.

Mieux vaut, pour l'ouvrage, un cœur assez chaud.

Tu voudrais posséder la richesse, de l'argent, un inépuisable compte chèque,

Tu songes à la vitesse d'une voiture grand sport,

Tu rêves d'une maison tout confort, d'un grand jardin et des fleurs tout autour,

Tu n'as jusqu'alors qu'une mobylette, une mansarde, à l'étudiant décor, un géranium à ta fenêtre

Comme tant de pauv'types faméliques.

Tant pis si tu n'as pas un oncle d'Amérique

Mieux vaut, pour le bonheur, un cœur riche d'Amour.

À mon fils ainé

« *mens sana in corpore sano* »

Deux longs fémurs sur de souples rotules à deux solides tibias s'articulent, et sur le terrain, déambulent,

D'une contraction

Des nerveux trijumeaux et du tendon d'Achille,

Il file,

Le ballon rond,

Entre les deux poteaux,

Ou bien sur le parcours du cross,

Malgré les creux, les bosses,

Sa rapide foulée enlève l'arrivée.

En avant, toute ! triathlète ...

D'abord un bon plongeon !

Fuyez, anguilles et poissons…avec vous, il rivalise :

En crawl, brasse et papillon,

Une à une, il passe les balises

Voici la dernière franchie avec quelle énergie

Ruisselant, il émerge…

Vite, vite la berge

Sable ou gravillons…

Vite, vite, il rejoint vélo, sac à dos, tenue cycliste, vitamines et boissons

C'est parti mon kiki… (mon kiné-si)

A vous, chevilles et rotules

A toi, col du fémur

Pour attaquer les plus célèbres « murs »

Reposoir, Mont Cenis, Isoard…

Toutes les pentes, en remontées ou en descentes

Enfin les derniers kilomètres !

Ultimes centimètres…

TOP Chronomètre !

Juste le temps de souffler

De rhabiller les pieds…

En route les orteils

Les « semelles de vent » font merveille

Souples foulées…

Un par un, muscle et tendon

Répond à ton effort

Bientôt voici le fort

C'est l'arrivée…

Inspire…expire…soupir !

On compte les points, on trinque,

On s'embrasse, on se tape dans le dos.

Oh oui on est encore jeune… et beau…

Et le prochain triathlon ?

C'est pour quand donc ???

Infiniment liée à la terre

Saisons

Il boit du soleil

Crocus jaune ou crocus bleu,

Primevère, ouvre un œil

Perles de rosée

Au creux des pétales bleus

Oh ! grisant parfum !

Amour, gaieté

La vie jaillit de partout

Joies du bel été

Les grappes pressées…

Automne a doré les feuilles

Bonjour les chrysanthèmes

Sombre jour d'hiver

Bise sournoise à la porte

Tombez, blancs flocons !

Le Printemps

Où es-tu printemps ?

Vent froid... ciel sans soleil...

Ah... voici, cachées trois jonquilles

Timide et douce Viola au parfum subtil dans ton écrin de feuilles, te voilà

Sur le grand pré vert, tapis rose de primevères...

Bien fini, l'hiver !

Cerisier :

Tronc sec et moussu, branches entortillées, écailles des bourgeons déjà gonflés.

Cognassier :

Cher vieil ami tout tordu, je te défends contre la lame du tronçonneur ! Bientôt pointeront tes milliers de fleurs, tremblantes flammes.

Petits fruitiers :

Buissons raides alignés, vos minuscules feuilles apparaissent, qu'on peut froisser pour leur parfum léger, prometteur de fruits savoureux, sucrés, juteux...

Patience, attendons l'été... pour déguster !

Quelques fleurs

Quelques fleurs de mes plates-bandes,

A défaut d'un beau bouquet, ou d'une jolie carte,

Et ce petit mot trouvé dans un de mes livres…

« Aider, servir, aimer…

De tous, être fière,

Les mois, les années passent et disparaissent à jamais,

Mais un seul instant heureux reste un joyau de la vie ! »

Je t'en souhaite beaucoup d'heureux et t'embrasse…

Quartiers d'été

Revoilà rosiers, sapins, paniers, sac à pain, appel des voisins…

C'est SAMBOURG

Soleil du matin, roulements des trains, aboiements des chiens

C'est SAMBOURG

Le coq du clocher derrière le cognassier, bientôt merisiers fleuris

C'est SAMBOURG

Forsythias, lilas, seringats, boutons d'or et pissenlits, pâquerettes et violettes, tulipes et marguerites,

C'est SAMBOURG

Bonjour les cousins… avec chemin du Faubourg.

Petits bonheurs chaque jour en famille !

Voici bientôt midi, vite ouvrons la grille, sourire de ma fille…

Pour quelques jours c'est aussi SAMBOURG.

J'aime

Sept heures, j'aime l'aube charmante, le matin clair quand l'hirondelle me réveille et s'émerveille en gazouillis,

J'aime la voix claironnante du Coq fier mais j'aime aussi les matins gris sous la pluie crépitante.

Il fait si bon au creux du lit, à rêver, insouciante.

J'aime l'appel de l'angelus au clocher et le gamin mal réveillé qui grimpe la rue montante, courant pour être enfant de chœur,

J'aime la fuite pétaradante des ouvriers sur les cyclomoteurs, répondant à l'appel des sirènes.

La Noix

Maître corbeau, sur son noyer perché tenait en son bec une noix…

Une grosse noix qu'il avait aperçue, de son œil perçant, toute belle en sa coque verte entr'ouverte. Il s'en était saisi.

Tandis que Madame la Pie, l'avait vue elle aussi, elle s'est mise à crier de sa voix de crécelle tout en battant des ailes, ses ailes blanches et noires.

Mais le corbeau, tout noir, s'était déjà vite envolé essayant en vain de pousser ses couac-couac-couac, pour l'effrayer.

Hélas, la noix dans son bec, coincée ! Il l'ouvrit enfin, trop grand, au-dessus de ma grille, en volant et la noix tomba…

La voisine, passant par-là, s'en saisit et dit : « Tiens Geneviève, voici une belle noix que le gros corbeau a lâchée, elle vient surement du noyer ! ».

Aussitôt, Geneviève la cassa et la dégusta.

« Bien fait Maitre corbeau, bien fait Madame la Pie, les voleurs sont souvent punis ».

Mais dès qu'on eut le dos tourné, Maître corbeau retourna vite sous le noyer !!

Il faut bien qu'il gagne sa vie… lui aussi.

Petites notes

Cui-cui, cui-cui, venez, venez petites notes, les Si, les Mi, quittez vos sages rangées sur les monotones portées,

Laissez le Maitre professeur compter ses mesures, ses soupirs, ses valeurs,

Volez, volez, Mi, Sol, Si, Do, Ré, Si, Mi, La, Ré, Sol

Comme des rossignols,

Et vous les bémols, gazouillez, roucoulez…

Pour vous, c'est la folle journée,

Mais voici le prof souriant,

Rentrez vite dans vos rangs et sous ses doigts magiques redevenez

MUSIQUE !

Balade du printemps

Dès l'aube sur mon noisetier, s'éveille l'oiseau bien-aimé.

Il salue l'ami préféré…

Il s'esbrouffe et lisse ses ailes

Puis il « roule » de mon côté, son petit œil vif et rebelle

Voici qu'il se met à chanter…

Roucoulez, roucoulez, tourterelles.

Ce n'est point encore l'été mais c'est le printemps qui l'appelle

L'amour succède à l'amitié

Il danse devant la femelle qui par son charme l'ensorcelle

Ce sont des envols endiablés pour, enfin, conquérir sa belle.

Roucoulez, roucouler, tourterelles.

De branchettes vite installées

Le nid, ses deux œufs vernissés…

Les oisillons bientôt rappellent leurs deux parents énamourés

Qui les nourrissent de leur « lait » pour faire, tôt, ouvrir leurs ailes.

Prenez garde au matou caché.

Roucoulez, roucoulez, tourterelles.

ENVOL

Avec leurs compagnes fidèles

Tous vont picorer dans mon pré en toute familiarité…

Roucoulez, roucoulez, tourterelles.

Balade de l'été

Sur la grande place du village, l'ombre vient sous les marronniers, les vieux s'installent au café, savourant pinard et fromage mais les « petits » en rondes folles se poursuivent sans s'arrêter en poussant des cris endiablés.

Tournoyez, vives farandoles.

Et voici que dans les parages un violon se met à chanter, un couple commence à danser, mettons nos soucis au garage et valsons avec volupté tout en croquant des « croquignoles » avant d'aller nous coucher.

Tournoyez, vives farandoles.

Mais voilà qu'un sombre nuage monte au couchant vermillonné avant que n'arrive l'orage, faisant la place, désertée. Vite encore un coup à trinquer, encore une course frivole, il sera temps de tout plaquer.

Tournoyez, vives farandoles.

Demain il faudra moissonner sur l'engin qui batifole.

Rêvons en fermant nos volets.

Tournoyez, vives farandoles.

Éternellement en repos

Zen

Assise sur un coussin brodé, la tête appuyée sur les mains allongées,

Les paupières fermées,

Ni raideur, ni douleur,

Presque en apesanteur,

Pour un petit quart d'heure

C'est parti, loin des soucis, loin des jours gris,

Au pays merveilleux
des rêves bleus.

RELAX ... pour s'endormir vite et bien

Merci pour ces pieds légers dans mes petits souliers, ces chevilles alertes à travers l'herbe verte, ces tendons d'Achille pas trop fragiles…

Merci pour ces tibias et péronés, enveloppés de mollets rondelets, pour ces genoux un peu raidis qu'on assouplit devant la fenêtre ouverte de temps en temps, le matin, au soleil levant !

Merci pour mes solides fémurs, bien articulés tandis que tous les muscles, jumeaux, couturiers, fessiers et compagnie, parfois ramollis, se regonflent pour assurer aujourd'hui, la marche en avant.

Merci pour cette fidèle carcasse (calcique) qui peu à peu se tasse, sans cesser d'abriter tout un assemblage labyrinthique de milliards de cellules, incroyablement minuscules, microscopiques, et chacune à sa place, fait son travail de fourmi, efficace et précis.

Et ça tourne « rond » : le foie, les reins, la rate, les ovules, le cœur, les poumons et j'en passe ! L'estomac, le colon… tout ça… tout ça, sans répit, tandis que humérus, radius et cubitus s'élèvent au matin, joignant mes mains pour fêter en latin « Sanctus, sanctus, sanctus ; Dominus, Deus ! »

Merci pour ce mystère de l'esprit, tapi dans tant de replis, pour ces 5 sens qui nous disent le monde extérieur, les couleurs, odeurs et saveurs, les sons, les sensations.

Merci pour tous ces savants aux têtes chercheuses qui s'appliquent à décrypter, de jour en jour, au plus profond, les circonvolutions de la matière grise, les secrets des hémisphères, les tiroirs à clefs de notre mémoire, hypophyse, hypothalamus, glande pinéale… humeurs et tumeurs… de l'ARN, les spirales des chromosomes, la ronde géniale … avec la plus pointue des techniques.

Tout s'explique… mais tout se complique, par la chaine des réactions physico cliniques.

Pourtant ça parait si simple de VOIR, de RIRE, de se SOUVENIR et d'AIMER.

Et l'Ame dans tout ça, où est-ce donc qu'elle se cache ?

Et ce 6ème sens qui me fait ressentir, ô Dieu, ta présence.

Holà, holà, avec ces questions-là, me voici bien loin de ma relax.

Halte-là, bonsoir… à demain ! Avec un autre refrain !

Couleurs de mes jours

Brillant miroir au tain d'argent, tu me fais voir, cerclé de bleu, cerclé de blanc, ce tout petit trou noir à l'ombre des paupières. C'est mon ŒIL.

Comme une fenêtre, par où sans fin pénètre l'immensité du monde et toutes ses couleurs...

Le ciel bleu, par-dessus les toits du corail, l'éclat du soleil levant sur le mur doré, le vert du grand pré qui s'émaille, de violettes, renoncules et pâquerettes où Madame la Pie se promène en smoking...

Voici l'ovale rose et mauve des iris, la royale blancheur des lis, le violet des lilas, et la pâleur des seringas. De la mésange, l'éclair jaune et bleu, au-dessus du tapis d'œillets d'Inde d'or et de feu, dans l'émeraude des feuillages, tour à tour des rubis, des topazes, des améthystes : fruits d'été, fruits d'automne...

Automne et ses soleils palis dans le gris des nuages et parfois de si jolis gris ponctués de turquoise. Ciels d'orage cuivrés, d'arc-en-ciel prometteurs, cumulus presque noirs d'averses annonciatrices...

Automne, fée magique, transformant la feuillée en parure fauve ou dorée. Merveille des soleils couchants tout embrasés de pourpre et vermillon où le violet se mêle et se dilue en teintes mauves jusqu'au si pâle rose.

Un à un, des feux s'allument maintenant trouant des zones d'ombre... Soudain, dans le bois sombre, fusent des étincelles bleues. Et voici que surgit, avec un bruit assourdissant, le bolide, aux deux yeux jaunes et flamboyants, long trait de lumière et de feu, de la tête à la queue.

Et puis, plus rien que deux points rouges tout au sommet de l'horizon dans l'obscurité de la nuit…Le TGV s'enfuit…

Chez moi, je rentre et j'éteins mes lumières. Mes yeux, reposez-vous, fermez-vous petits volets de mes paupières, vite je m'endors, mais je veux rêver… encore.

Dialogue matinal

La tête sur l'oreiller je crois entendre bavarder mes doigts de pied.

- Salut p'tit frère, t'as bien dormi cette nuit ?
- Oui … et toi ?
- On était un peu serrés et collés hier soir mais ce matin, ça va on peut gigoter
- Dis, où crois-tu qu'elle va nous emmener aujourd'hui not'Geneviève ?
- Ne te fais pas d'illusions, ne t'embarque pas dans des rêves, surement pas dans un marathon. Ce sera déjà bien des socquettes, la moquette, quelques pas sur l'herbette, un peu de rosée fraiche…
- N'en demande pas tant. En fait de rafraichissement, on aura plutôt droit à la cuvette !
- Tant pis, on en profitera, clapotera, pianotera…
- Ne t'imagine pas qu'tu joueras une sonate
- Non, mais tout juste un rondo
- Ah ! oui, on f'ra des ronds dans l'eau !
- T'as l'moral p'tit frère… Pourquoi pas rêver d'eau de mer ? De sable sur la grève…
- Non, rappelle-toi, ça se coinçait entre nous deux !
- Mais il y avait des vagues… et aussi des algues !
- Et la bonne serviette douce, après le bain de mousse !
- En attendant, c'est seulement le vieux matelas dans sa housse…
- Ça nous remue, ça nous r'tourne, ça nous pousse…
- Not 'Geneviève vient d'trouver son créneau… et ça repart pour un p'tit dodo.

Week-End

Te voici donc, plein d'allégresse

Jour si désiré, vendredi !

Est-ce fatigue ? ou bien paresse ?

On t'attendait depuis lundi.

Et c'est la course de vitesse

Auto, vélo ou wagon-lit

A s'évader, chacun s'empresse

Fuir, fuir, loin de son noir souci

Air pur, soleil, amour, jeunesse….

Tous les beaux mots que l'on se dit !

« Tiens ! Médor a cassé sa laisse !»

Hélas ! Faut rentrer dans la nuit,

Vers son boulot, chacun s'presse

Hello !? Qu'est-ce que tu f'ras samedi ?

Dans les bras de Morphée…

Mousse légère au creux de l'oreiller,

Duvet tiède et moelleux de l'édredon,

Nid douillet d'orteils pelotonnés dans un chausson,

Enlacement de laines sur le cou,

Tout est paré pour le sommeil.

Et moi, dit la bouillotte électrique ?

Avec ma technique si pratique, plus besoin des braises du foyer dans la bassinoire cuivrée, ni des briques sortant du four chez la Mamée (rêves d'une lointaine enfance…)

Ni de lit de plumes propices à l'amour !

Souvenirs… souvenirs… Images floues… si floues…

Petit à petit, tout s'évanouit, plus rien dans l'esprit,

Plus personne sous le duvet doux.

Le chapelet glisse le long des phalanges,

Seule, veille… l'aile d'un Ange.

Oui, c'est ça… bien dormir !

REMERCIEMENTS

Merci à Tété pour son aide précieuse,

Merci à Jean-Marie pour ses connaissances,

Merci à mon conjoint pour m'avoir soutenue et encouragée dans ce projet,

Merci à mes filles de me donner tant de joie,

Et surtout merci à toi Mamie qui m'inspire encore et toujours.

© 2021, Stéphanie LEGAST
Édition : BoD – Books on Demand,
12/14 rond-point des Champs-Élysées, 75008 Paris
Impression : BoD - Books on Demand, Norderstedt, Allemagne
Dépôt légal : june 2021
ISBN: 9782322269334